LABORATORIO DE ESCRITURA CREATIVA

MÁS DE 70 ACTIVIDADES DIVERTIDAS

Lexi Rees

Publicado en Gran Bretaña
Por Outset Publishing Ltd

Primera edición publicada en Setiembre 2019
Esta edición fue publicada en Febrero de 2021

Escrito por Lexi Rees
Diseñado por October Creative Ltd

ISBN: 978-1-913799-05-2

www.lexirees.co.uk

¿Cómo usar este libro?

Este libro cubre los componentes claves de la escritura creativa: Personaje, Descripción, Contexto, Planificación, Temas, Punto de Vista y Diálogo. En cada sección hay una variedad de actividades diseñadas para desarrollar habilidades y confianza, trucos de autor, y muchas chispas para crear historias.

Aunque las actividades están agrupadas en temas, no hay ninguna necesidad de seguir el libro en un orden particular. Las actividades están dirigidas a niños de siete a once años. Cada sección acaba con una actividad más compleja, pero, debido a que no hay respuestas correctas o incorrectas, no hay ningún motivo por el cual cualquier niño no pueda intentarlas, independientemente de su edad o habilidad.

Atención: ¡hay algunas actividades que necesitan ser hechas con amigos o familia, así que su participación puede ser requerida!

CONTENIDOS

1   Personajes particulares

2   Descripciones detalladas

3   Super situaciones

4   Planes perfectos

5   Temas trascendentes

6   Voces varias

7   Diálogo dinamita

8   Cuentos creativos

TOP SECRET: SOLO PARA AUTORES INCREÍBLES

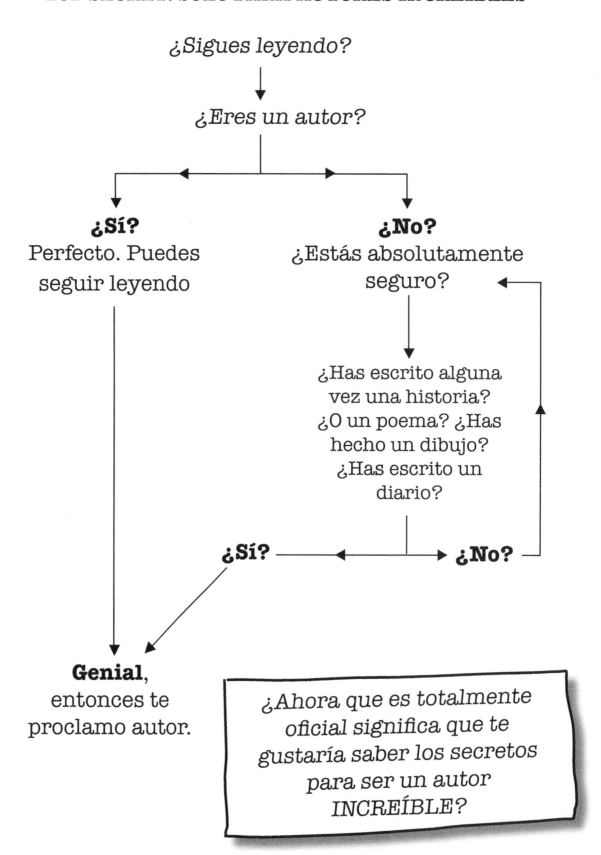

¿Sigues leyendo?

¿Eres un autor?

¿Sí?
Perfecto. Puedes
seguir leyendo

¿No?
¿Estás absolutamente
seguro?

¿Has escrito alguna
vez una historia?
¿O un poema? ¿Has
hecho un dibujo?
¿Has escrito un
diario?

¿Sí?   **¿No?**

Genial,
entonces te
proclamo autor.

¿Ahora que es totalmente
oficial significa que te
gustaría saber los secretos
para ser un autor
INCREÍBLE?

Aquí va entonces.

    Esto es un gran secreto.

        Quiero decir, gigante.

            ABSOLUTAMENTE ENORME.

                ¿Estás preparado................?

Para ser un autor increíble, es más importante tener una buena HISTORIA que una gran ORTOGRAFÍA.

El gran secreto es que, cuando publicas un libro, un EDITOR comprueba la ortografía y la gramática para ti. El editor clarificará si querias decir,

"Vamos a comer Abuela"   Puede ser un poco
difícil de masticar.

            O

"Vamos a comer, Abuela"   Un escenario mucho
más civilizado.

Entonces, este libro NO trata sobre gramática y ortografía. Trata sobre cómo *crear grandes historias.* Explica como convertirte en un **autor increíble.**

                ¡Vamos a empezar*!*

Capítulo uno

Personajes particulares

Los personajes son más interesantes cuando sabes todo sobre ellos. Para hacer esto, necesitas contestar *cuatro* preguntas.

1. ¿CÓMO SON FÍSICAMENTE?

2. ¿CUÁL ES SU NOMBRE?

3. ¿A QUÉ SE DEDICAN?

4. ¿CÓMO SE COMPORTAN?

TRUCO DE AUTOR

¿Te estás preguntando por qué necesitas saber cosas como si a tu personaje le gustan los perros? Puede que te parezca un poco estúpido, pero te prometo que funciona. Cuanto más sepas sobre un personaje, más realista será cuando escribas sobre él.

Si tú fueras un personaje en un libro, ¿cuál serías?

Describiendo personajes

Aquí tienes un listado alfabetico de rasgos de personajes muy útiles que puedes utilizar cuando crees tus personajes.

 AGRADECIDO, ALBOROTADO, ALEGRE, AMABLE, AMIGABLE, ANSIOSO, APENADO, ASTUTO, ATERRADOR, ATREVIDO, AVERGONZADO, AMBICIOSO, ARROGANTE, AVENTURERO

bondadoso, bonito, bravo **b**

 CALMADO, CAUTELOSO, CELOSO, CODICIOSO, CONFIABLE CONFUNDIDO, CONSIDERADO, COOPERATIVO, CORTÉS, CRUEL, CUIDADOSO, CULPABLE, CURIOSO, CÓMICO

 dependiente, deportivo, deprimido, desagradable, descuidado, deshonesto, determinado, diligente, directo, divertido, dubitativo, dulce, débil

EGOÍSTA, ENERGÉTICO, ESTROPEADO, ESTÚPIDO, EXCITABLE, EXIGENTE, ENFADADO **e**

f feliz, furtivo   **g**

GRACIOSO, GROSERO, GRUÑÓN

h hablador, honesto

 IMAGINATIVO, IMPACIENTE, INCONSIDERADO, INFANTIL, INFELIZ, INTELIGENTE, IRRESPETUOSO

 joven

l leal, listo, loco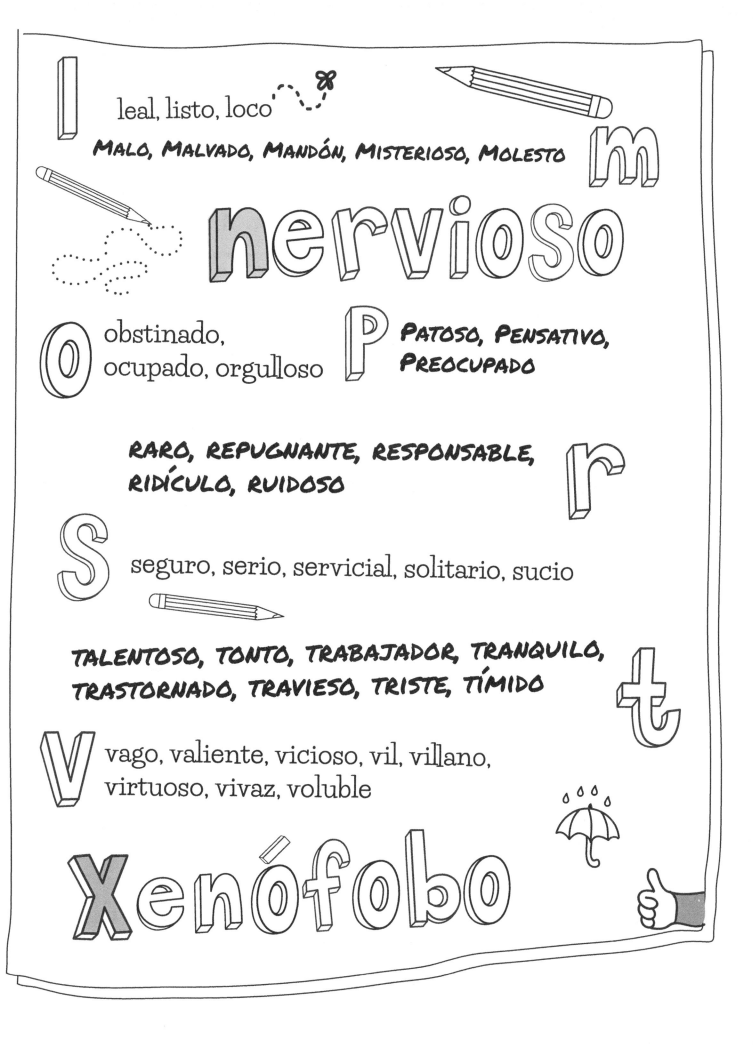

MALO, MALVADO, MANDÓN, MISTERIOSO, MOLESTO

m

nervioso

o obstinado, ocupado, orgulloso

P **PATOSO, PENSATIVO, PREOCUPADO**

RARO, REPUGNANTE, RESPONSABLE, RIDÍCULO, RUIDOSO

r

S seguro, serio, servicial, solitario, sucio

TALENTOSO, TONTO, TRABAJADOR, TRANQUILO, TRASTORNADO, TRAVIESO, TRISTE, TÍMIDO

t

V vago, valiente, vicioso, vil, villano, virtuoso, vivaz, voluble

Xenófobo

PERFIL DE LOS PERSONAJES

¿Por qué hacemos perfiles de los personajes?

Te ayudan a meterte en la cabeza del personaje. Mira estos ejemplos...

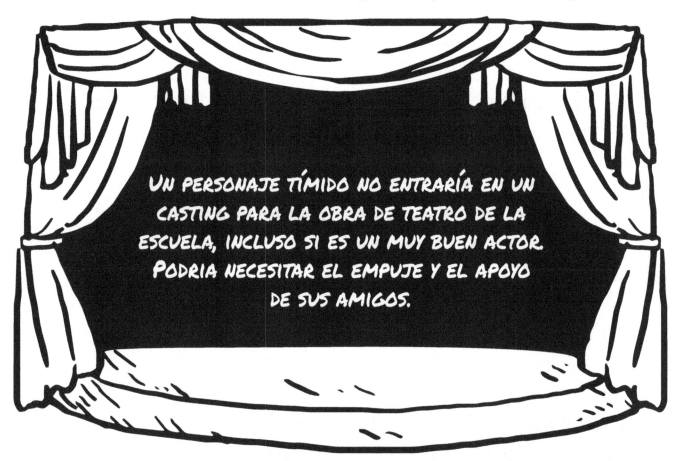

UN PERSONAJE TÍMIDO NO ENTRARÍA EN UN CASTING PARA LA OBRA DE TEATRO DE LA ESCUELA, INCLUSO SI ES UN MUY BUEN ACTOR. PODRIA NECESITAR EL EMPUJE Y EL APOYO DE SUS AMIGOS.

O puede que tu personaje fuera perseguido por un perro cuando era pequeño y ahora, cada vez que ve un perro, se asusta.

ESTAS COSAS PUEDEN SER MUY IMPORTANTES PARA LA FORMA EN QUE TU PERSONAJE REACCIONA EN ALGÚN PUNTO DE LA HISTORIA.

MODELO DE PERFIL DE PERSONAJE

NOMBRE:

EDAD:

¿QUÉ LE GUSTA?:

¿QUÉ NO LE GUSTA?:

MALOS HÁBITOS:

HOBBIES:

COMIDA FAVORITA:

TRUCO DE AUTOR

Si buscas "Perfiles de personaje" online, encontrarás muchos modelos que puedes usar, o puedes diseñar el tuyo propio.

Piensa en un personaje para una historia. Haz un dibujo y crea un perfil de personaje para él.

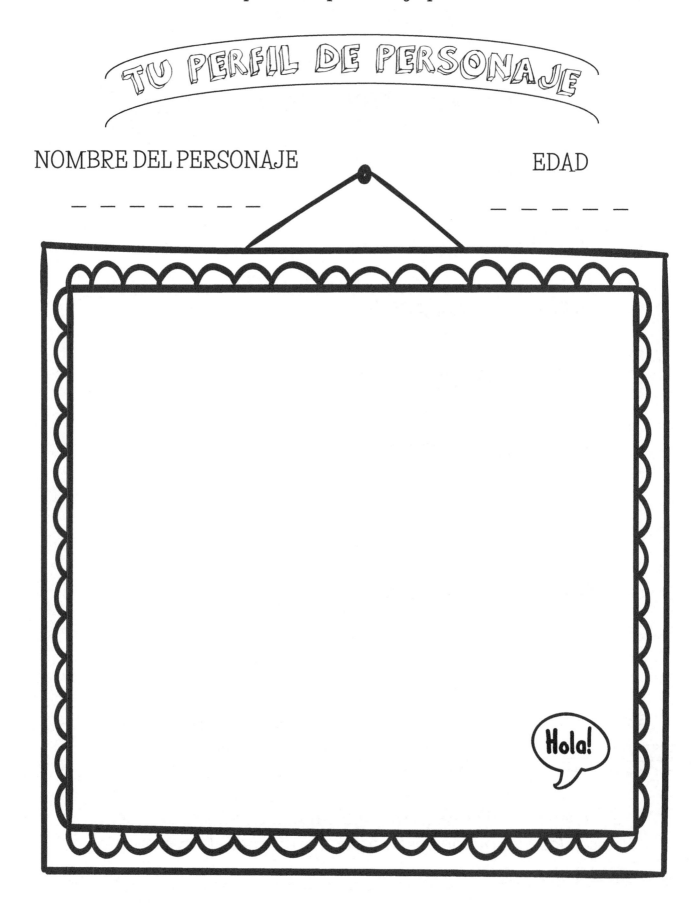

TU PERFIL DE PERSONAJE

NOMBRE DEL PERSONAJE

EDAD

Hola!

Mi personaje es ...

_ _ _ _ _ _ _ _ _ _ _

_ _ _ _ _ _ _ _ _ _ _

_ _ _ _ _ _ _ _ _ _ _

_ _ _ _ _ _ _ _ _ _ _

_ _ _ _ _ _ _ _ _ _ _

_ _ _ _ _ _ _ _ _ _ _

_ _ _ _ _ _ _ _ _ _ _

_ _ _ _ _ _ _ _ _ _ _

_ _ _ _ _ _ _ _ _ _ _

Elige 3 rasgos de pesonaje de la lista alfabetica.

1. _ _ _ _ _ _ _ _
2. _ _ _ _ _ _ _ _
3. _ _ _ _ _ _ _ _

¿Qué hobbies tiene?

1. _ _ _ _ _ _ _ _
2. _ _ _ _ _ _ _ _
3. _ _ _ _ _ _ _ _

¿Qué le gusta?

1. _ _ _ _ _ _ _ _
2. _ _ _ _ _ _ _ _
3. _ _ _ _ _ _ _ _

¿Qué le desagrada?

1. _ _ _ _ _ _ _ _
2. _ _ _ _ _ _ _ _
3. _ _ _ _ _ _ _ _

PERSONAJES RAROS

¿Te atreves a jugar al "cadáver exquisito"?

Necesitarás un grupo de amigos o familia, un montón de hojas y algunos bolígrafos o lápices.

Sin mostrárselo a nadie, la primera persona dibuja una cabeza en el tercio superior de la hoja. Una vez haya acabado, tiene que doblar el papel y pasarlo a la siguiente persona.

La seguna persona dibuja un torso y dobla el papel al acabar antes de pasarlo a la siguiente persona.

La tercera persona dibuja unas piernas.

Cuando todas las secciones han sido completadas, desdobla el papel y admira vuestra creación. ¡Seguro que se ve muy extraño!

¿Puedes pensar un buen nombre para el personaje?

CABEZA

- -

CUERPO

- -

PIERNAS

NOMBRES DE PERSONAJE

Poner nombre a tus personajes es divertido.

Hay muchas maneras de pensar nombres para tus personajes. Aquí tienes algunas opciones:

~~~~~~~~~~~~~~~~~~~~

① NOMBRES INVENTADOS

A veces, un nombre inventado encaja mejor con el personaje. Si estás escribiendo sobre un temible dragón que escupe fuego, puede ser mejor llamarlo Gryzlbrek que David. O puede que no. Puede que David le siente mejor.

Inventa nombres para estos personajes:

UN PROFESOR QUE ES UN EXTRATERRESTRE

- - - - - - - - - - - - - - - - - - - -

UN VAMPIRO VEGETARIANO

- - - - - - - - - - - - - - - - - - - -

UN PANDA PIRATA

- - - - - - - - - - - - - - - - - - - -

② NOMBRES REALES

Si estás escribiendo una historia ambientada en el mundo real, usar un nombre real hace el personaje más creíble.

No lo olvides, si tu historia está basada en un país diferente o en un tiempo muy lejano, necesitas escoger nombres de esa localización o periodo, no de donde tú vives ahora.

En el 1900, los nombres más populares eran:

CHICOS

José, Antonio, Manuel, Francisco, Juan, Pedro, Luis

María, Carmen, Dolores, Josefa, Francisca, Antonia

CHICAS

Hoy, los nombres más populares son completamente diferentes. Aquí tienes una lista de 2018.

CHICOS

Hugo, Lucas, Martín, Daniel, Pablo, Mateo

Lucía, Sofía, Martina, María, Paula, Julia

CHICAS

¿Puedes pensar en nombres muy anticuados?

_ _

_ _

③ NOMBRES QUE JUEGAN CON EL SONIDO

Algunos nombres suenan malignos.
¿Qué te parecen los Dementores en Harry Potter?

¿Cuál es el nombre que suene más maligno que te puedas inventar?

Dibuja a tu personaje.

④ NOMRES QUE USAN LA ALITERACIÓN

La aliteración causa un gran impacto y es una buena manera de resaltar un nombre. ¿Qué te parecen estos nombres?

Severus Snape
King Kong
Willy Wonka

¿Puedes inventarte nombres que empiecen con estas letras?

B_____   B_____
J_____   J_____
C_____   C_____

⑤ NOMBRES CON SIGNIFICADO

TRUCO DE AUTOR

Hay muchas herramientas online que puedes usar para elegir un nombre. Algunas webs también tienen información sobre el origen y el significado de los nombres. Busca online "Ayudame a elegir el nombre del bebé".

¿Qué significa tu nombre?

....

....

....

DESCRIBIENDO PERSONAJES

Escoge una palabra de cada lista y ponla en el espacio al final para crear el nombre de tu personaje.

Nombres

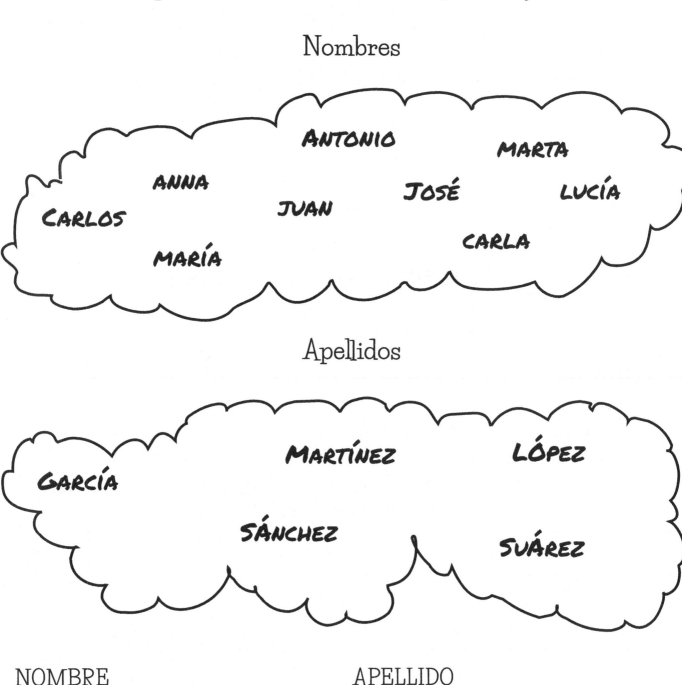

ANTONIO

MARTA

ANNA

JOSÉ

LUCÍA

CARLOS

JUAN

CARLA

MARÍA

Apellidos

MARTÍNEZ

LÓPEZ

GARCÍA

SÁNCHEZ

SUÁREZ

NOMBRE   APELLIDO

------------------------------   ------------------------------

Escribe una historia divertida sobre este personaje.

Imagina que tu nuevo profesor es un alien del planeta Grazog. Escribe una historia sobre su primer día.

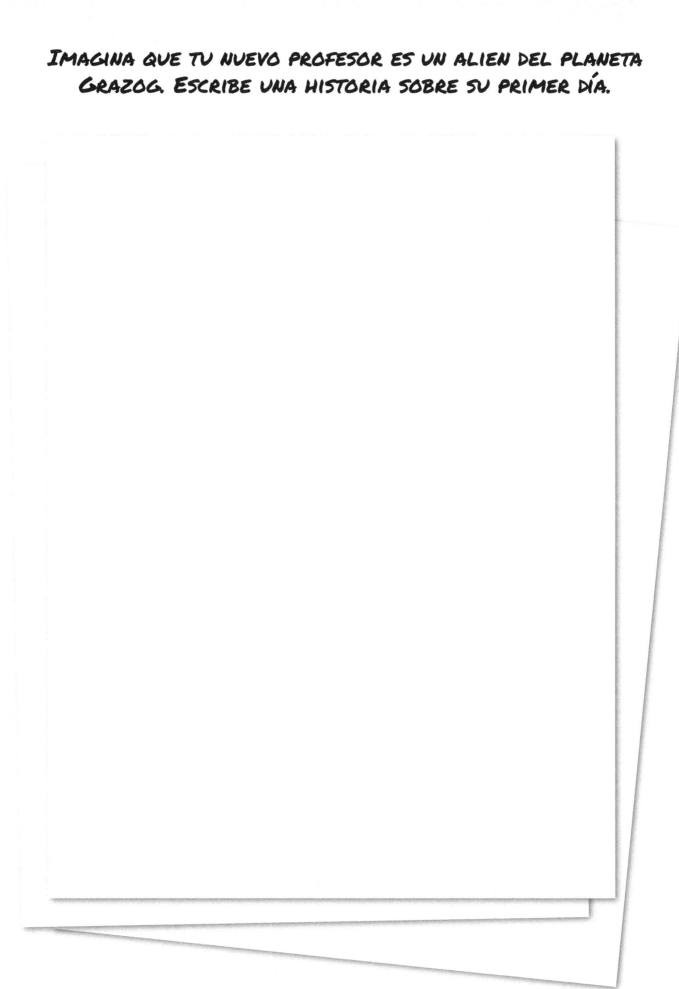

CRECIMIENTO DEL PERSONAJE

¿Estás preparado para un desafío más complicado? Esto es material avanzado para autores INCREÍBLES.

En la mayoría de los libros, el protagonista muestra algo de "crecimiento". No me refiero a que crecen físicamente, aunque puede ocurrir si la historia se desarrolla a lo largo de varios años, o si bebe o come una poción mágica como Alicia en el país de las maravillas. Me refiero a que aprende algo que lo cambia como persona.

> **AQUÍ ALGUNOS EJEMPLOS DE COSAS QUE UN PERSONAJE PUEDE APRENDER DURANTE UNA HISTORIA:**
>
> - **CONFIAR EN OTRAS PERSONAS**
> - **TRABAJAR COMO EQUIPO**
> - **SER VALIENTE**
> - **DEFENDERSE Y DEFENDER A OTROS**

Escoge cualquier personaje de un libro que conozcas bien. ¿Que APRENDIERON durante el libro?

....

....

....

....

....

....

Capítulo dos

Descripciones detalladas

Las descripciones son esenciales para ayudar el lector a disfrutar tu historia. Hay dos cosas que necesitas hacer para tener una escritura descriptiva INCREÍBLE.

1. ELIGE LAS PALABRAS ADECUADAS PARA AYUDAR AL LECTOR A HACERSE UNA PELÍCULA EN SU MENTE

2. MUESTRA, NO EXPLIQUES

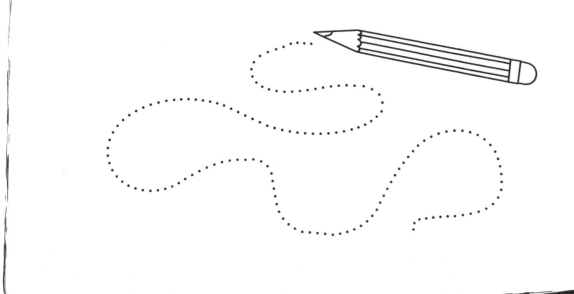

TRUCO DE AUTOR

No olvides utilizar los cinco sentidos:

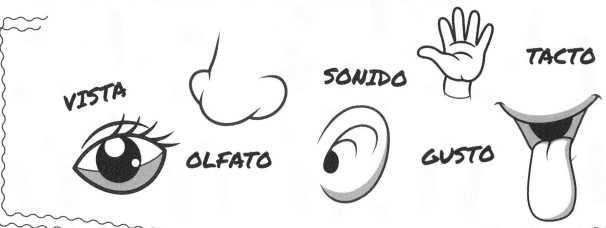

VISTA

OLFATO

SONIDO

GUSTO

TACTO

DESCRIBIENDO PERSONAS

Solemos describir personas como "buenas" o "tristes", pero una mejor elección de palabras puede ayudar al lector a crearse una imagen más clara en su cabeza. Aquí hay algunas palabras que puedes usar para escribir mejores descripciones de tus personajes.

 **agradable**

BONDADOSO, AMABLE, PENSATIVO, CONSIDERADO, SIMPÁTICO

INFELIZ, TRASTORNADO, DEPRIMIDO, MISERABLE, MELANCÓLICO

triste

bonito

HERMOSO, ESTUPENDO, MARAVILLOSO, ATRACTIVO, ELEGANTE

DIVERTIDÍSIMO, CÓMICO RISIBLE, RIDÍCULO, HISTÉRICO

 **gracioso**

 **listo**

ASTUTO, SABIO, EXPERTO, INTELIGENTE, BRILLANTE

Escribe una descripción de tu mejor amigo, usando palabras interesantes.

Dibuja un animal dentro del cuadro. Rellena las
burbujas alrededor con palabras para describirlo.

Imagina que eres una pelusa debajo de tu cama. Describe lo qué ves.

Elige cinco cosas que puedes tocar desde donde estás sentado. Escribe una historia usando los cinco objetos.

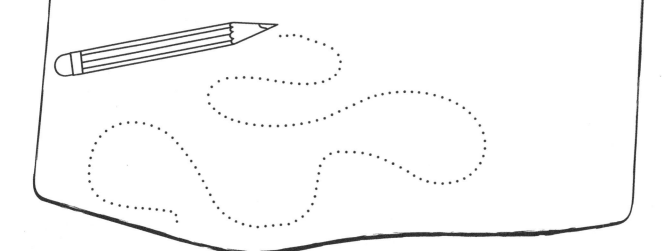

Sueñas con un capitán navegando en su barco, lejos de casa.
Mira las siguientes palabras y elige tres de cada lista.

EL MAR

PROFUNDO   GRIS
CRISTALINO   TORMENTOSO
CALMADO   SALVAJE
ENFADADO   BONITO

1. _____

2. _____

3. _____

EL CAPITÁN

VALIENTE   FUERTE
ATERRORIZADO   MAREADO
CANSADO   ENFADADO
AMABLE   MISTERIOSO

1. _____

2. _____

3. _____

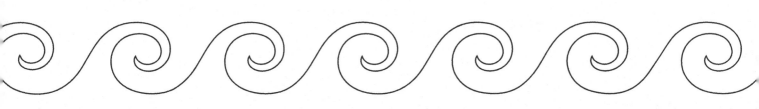

Escribe una historia usando las seis palabras.

ELEGIR MEJORES PALABRAS

Es muy fácil utilizar la palabra "muy" muy a menudo.

La palabra "muy" se cuela en nuestra escritura cuando no estás mirando. Por ejemplo, en la primera frase, podría haber dicho...

Es simple utilizar la palabra "muy" frecuentemente.

¿Puedes pensar en una palabra mejor que "muy" para cada caso siguiente? Los primeros han sido hechos para ti.

Muy fácil	*simple*	Muy alto	_ _ _ _ _ _ _ _
Muy a menudo	*frecuentemente*	Muy bajo	_ _ _ _ _ _ _ _
Muy ruidoso	*ensordecedor*	Muy inteligente	_ _ _ _ _ _ _ _
Muy viejo	*antiguo*	Muy enfermo	_ _ _ _ _ _ _ _
Muy triste	_ _ _ _ _ _ _ _	Muy tímido	_ _ _ _ _ _ _ _
Muy feliz	_ _ _ _ _ _ _ _	Muy rico	_ _ _ _ _ _ _ _
Muy asustado	_ _ _ _ _ _ _ _	Muy pobre	_ _ _ _ _ _ _ _
Muy fuerte	_ _ _ _ _ _ _ _	Muy doloroso	_ _ _ _ _ _ _ _
Muy silencioso	_ _ _ _ _ _ _ _	Muy divertido	_ _ _ _ _ _ _ _

Estás atrapado dentro de una pelota de tenis. ¿Cómo se siente?

MUESTRA NO EXPLIQUES

Probablemente has escuchado la frase "muestra, no expliques" antes. Es la regla NUMERO 1 para todos los autores.

A veces es difícil verlo cuando estás escribiendo, pero la forma más fácil de "mostrar" algo es a través de una acción. A través de una acción, es más fácil para los lectores convertir tus palabras en una película mental. Son transportados directamente a la escena, en lugar de que les expliquen lo que pasó.

Piensa sobre tu personaje

¿CÓMO PODRÍAS MOSTRAR LO QUÉ ESTÁN SINTIENDO?

¿QUÉ HARÍAN?

¿CÓMO SE MOVERÍAN?

¿QUÉ EXPRESIÓN TENDRÍAN EN SUS CARAS?

¿Cuál de estas frases crea una mejor película mental?
- El hombre era alto.
- El Hombre se encogió para pasar a través de la puerta.

TRUCO DE AUTOR

ESTA ES UNA BUENA MANERA DE DARSE CUENTA CUÁNDO ESTÁS EXPLICANDO EN LUGAR DE MOSTRANDO.

CADA VEZ QUE USAS *es, son, era* o *eran*, **PODRÍAS ESTAR EXPLICANDO EN LUGAR DE MOSTRANDO.**

PIENSA, ¿PUEDES REEMPLAZAR LA FRASE CON UNA ACCIÓN?

Ejemplos

EXPLICAR: ELLA ERA FELIZ.
MOSTRAR: SE TIRÓ POR EL SUELO EN UN ATAQUE DE RISA.

EXPLICAR: EL NIÑO TENÍA FRÍO.
MOSTRAR: EL NIÑO TEMBLABA.

EXPLICAR: EL MATÓN ESTABA ENOJADO.
MOSTRAR: EL MATÓN CRUJIÓ SUS PUÑOS.

¿Puedes ver la diferencia entre cada ejemplo?
¿Cuando leíste las palabras ella era feliz, ¿qué imaginaste?
¿Puedes ver qué estaba pasando en la escena? No.

Pero en la segunda versión, tú sabes que se tiró por el suelo en un ataque de risa. Puede que hubiera escuchado una broma divertida o puede que alguien le estuviera haciendo cosquillas. De cualquier forma, sabes que está feliz sin haberlo dicho.

¿Puedes cambiar cada una de estas frase de explicar a mostrar?

EXPLICAR: El alien estaba enfadado.

MOSTRAR: _____

_____

_____

EXPLICAR: El chico estaba avergonzado.

MOSTRAR: _____

_____

_____

EXPLICAR: Después de correr para coger el bus, el hombre tenía calor.

MOSTRAR: _____

_____

_____

EXPLICAR: Se sorprendió cuando el fantasma apareció.

MOSTRAR: _____

_____

_____

EXPLICAR: La chica estaba esperando impacientemente el bus.

MOSTRAR: _____

_____

_____

EXPLICAR: Había sido un día ajetreado y la madre estaba cansada.

MOSTRAR: _____

_____

_____

EXPLICAR: La chica estaba avergonzada cuando su profesor la presentó al resto de la clase.

MOSTRAR: _____

_____

_____

EXPLICAR: Estaba triste.

MOSTRAR: _____

_____

_____

TRUCO DE AUTOR

No te preocupes si lo encuentras difícil - a todo el mundo le sucede. Los editores se pasan mucho tiempo resaltando frases donde los autores han explicado algo al lector cuando deberían haberlo mostrado.

Integrando descripciones en tu escritura

¿Estás listo para un desafío más complicado? Este es material avanzado para autores INCREÍBLES.

Las descripciones son esenciales, pero las descripciones muy largas pueden romper la acción. Cuando eso ocurre, el lector se puede aburrir y dejar la historia. Quieres mantenerlos leyendo. El secreto para mantener el ritmo de la historia es añadir pequeñas descripciones entre acciones. De esta manera el lector imagina la situación y tu mantienes el ritmo de la historia.

Vamos a intentarlo

Eres un perro sacando a pasear a tu humano mascota para su paseo diario. Escribe una pequeña historia sobre el paseo mezclando descripción y acción.

¿Qué ocurrió?
¿Qué viste?
¿A quién te encontraste?

¿Cuál era el mejor olor?
¿Una farola?
¿El trasero de otro perro?
¿Un maloliente bocata debajo de un banco?

Capítulo tres

Super situaciones

Cuando ves la televisión o una película, la situación es obvia. En un libro, el autor necesita ayudar al lector a crear una película en su cabeza.

Imagina que estás leyendo una historia situada en un bosque. ¿Cómo se ve?

Sin una descripción, es imposible saber si es un oscuro y espantoso bosque o si está lleno de flores y hadas.

 ### TRUCO DE AUTOR

Cada vez que cambias de localización, añade una descripción de forma que el lector sepa dónde has ido.

Si estuvieras congelado en un bloque
de hielo durante
un millón de años ¿cómo sería el mundo cuando salieras?

Estás en una excursión de la escuela en un castillo del que se rumorea que está encantado. Al final del día, tú y tu mejor amigo decidís jugar a un juego. Os escapáis del grupo y os escondéis en una de las habitaciones. Nadie se da cuenta y el bus escolar se va sin vosotros. Cuando anochece, cosas extrañas empiezan a suceder.

ESCRIBE UNA HISTORIA DE MIEDO.

Diseña un poster para que más turistas visiten tu ciudad. Tu poster debe incluir estas cosas:

(1) El nombre de tu ciudad.

(2) Qué deben visitar los turistas. Por ejemplo, un parque, museo, playa, castillo, tienda, etc.

(3) Una web donde la gente pueda conseguir más información.

¿PREFERIRÍAS IR AL FONDO DEL MAR MÁS PROFUNDO O LEJOS AL ESPACIO? ¿CÓMO ES CUANDO LLEGAS AHÍ?

Mapas

Muchos autores, de ficción y no ficción, incluyen un mapa al inicio de sus historias.

¿Puedes encontrar una novela con un mapa? ¡No un atlas!

Título: ....

¿QUÉ EXPLICA EL MAPA SOBRE EL LIBRO?

¿Está localizado en la ciudad o en el campo?

¿Es un lugar real o imaginario?

¿Qué características han sido incluidas por el autor?

¿Hay alguna ruta marcada en el mapa?

ESCRIBE UNA HISTORIA SOBRE UN VIAJE

¿Puede que estés haciendo una caminata a través de la nieve en las montañas para encontrar al abominable hombre de las nieves?

¿O puede que estés perdido en una ciudad extraña con un laberinto de callejones oscuros?

¿Y si te caes en un agujero de conejo como Alicia en el país de las maravillas?

¿O atraviesas un armario hacia Narnia?

¿Estás preparado para un desafío de situaciones más complicado?

ESTO ES MATERIAL AVANZADO PARA AUTORES INCREÍBLES.

Usando la historia que acabas de escribir, dibuja un mapa de tu viaje. No te olvides de incluir muchas características, como montañas y ríos, y los nombres de los lugares.

Capítulo cuatro

Planes perfectos

Las historias necesitan un inicio, un nudo y un desenlace. Un plan asegura que la historia no se vuelve confusa, o se alargue y aburra. Pero el plan no necesita ser largo.

Puedes escribir un plan de muchas maneras diferentes – puedes usar un diagrama de araña o un mapa mental. No hay ninguna forma correcta o errónea de hacer un plan.

"LA MONTAÑA"

PROBLEMA

CONSTRUCCIÓN

SOLUCIÓN

PRINCIPIO

FINAL

TRUCO DE AUTOR:

Prueba diferentes formas de hacer tu plan. ¿Cuál funciona mejor para ti?

¿Planifica tu día perfecto? Rellena las secciones de **"MAÑANA"**, **"TARDE"** y **"NOCHE"** con los detalles de todo lo que pasa.

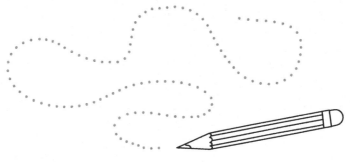

Mi día perfecto

¿Cuál es tu día perfecto? ¿Comerías pizza para desayunar o te cepillarías los dientes con helado de galletas de chocolate o...?

ESCRIBE UNA HMC (HISTORIA MUY CORTA) SOBRE UN MAL DÍA EN LA ESCUELA.

Intenta no usar más de 50 palabras, y recuerda que necesitas tener un inicio, un nudo y un desenlace.

ALGUNAS HISTORIAS TIENEN ESTRUCTURAS ESPECIALES

Escribe un poema acróstico donde cada línea empiece con una letra de tu nombre. Así que si tu nombre es Juan Cortés, la primera línea en tu poema debe empezar con J, la segunda línea con U, la tercera con A y así sucesivamente.

Tu nombre

Escribe una historia que use cada letra del alfabeto. Puedes usar este inicio de historia, o inventarte uno propio.

AUNQUE ANA ERA BAJITA, LE GUSTABA JUGAR AL BÁSQUET...

No te olvides, tu historia necesita un inicio, un nudo y un desenlace.

AaBbCcDdEeFfGgHhIiLlMmNnOoPpQqRrSsTtU

DIFERENTES PERSONAS TENDRÁN DIFERENTES PLANES E IDEAS PARA UNA HISTORIA

Historias de pasa la hoja

Coge papel y lápiz. Necesitarás un grupo de amigos o familia para esta actividad.

Alguien escribe las primeras líneas de una historia, entonces doblan el papel de forma que solo la última frase sea visible.

Ahora turnaros para escribir las siguientes frases de la historia, doblando todo excepto la última línea y pasando el papel a alguien más para continuar la historia. Continuad pasando la historia hasta que alguien escriba "Fin". Ahora leed la historia completa en voz alta.

¿Acaba como te esperabas?

Ahora inténtalo otra vez, inventándote tu propio inicio.

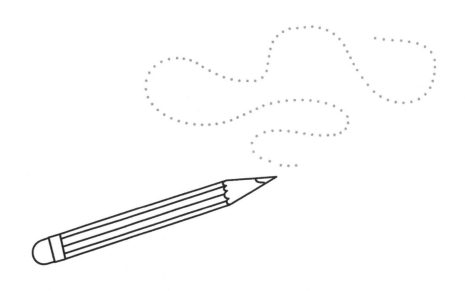

Marta se fijó en una bolsa abandonada en el asiento posterior del bus...

Tira un dado tres veces para elegir un **PERSONAJE**, un **ESCENARIO** y un **PROBLEMA**.

	PERSONAJE	ESCENARIO	PROBLEMA
1	Un erizo	En un pantano	Encuentra un zapato mágico
2	Una chica fantasma	En un bosque	Conoce un mago
3	Un vampiro	En un castillo	Necesita ser rescatado
4	Un perrito	En la luna	Se pierde
5	Un chico	En un barco	Está solo
6	Un monstruo	En la escuela	Quiere ser una estrella

Tu personaje

Tu escenario

Tu problema

ESCRIBE UNA HISTORIA SOBRE ELLO.

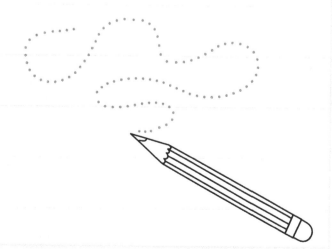

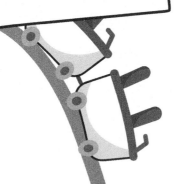

LA BONITA HIJA DEL REY Y LA REINA NACE

¿Estás preparado para el siguiente desafío de planificación? Esto es material avanzado para autores INCREÍBLES.

BLANCANIEVES ENCUENTRA UNA PEQUEÑA CASA Y CONOCE A LOS ENANITOS Y VIVE FELIZMENTE CON ELLOS

PERO LA REINA MUERE Y LA NUEVA ESPOSA DEL REY ES CRUEL

PERO ÉL NO PUEDE HACERLO Y LA DEJA ESCAPAR

ELLA ORDENA AL CAZADOR LLEVAR A BLANCANIEVES AL BOSQUE Y MATARLA

Las mejores historias tienen una estructura de montaña rusa, donde los personajes encuentran un problema que tienen que resolver.

En la montaña rusa, el lector pasa por altos y bajos donde piensa que todo está perdido y el personaje fracasará.

Vamos a echar un vistazo a la historia de Blancanieves...

BLANCANIEVES Y EL PRÍNCIPE SE CASAN Y VIVEN FELICES PARA SIEMPRE, Y LA MADRASTRA DESAPARECE.

CUANDO SE VA, TROPIEZA Y EL TROZO DE MANZANA SALE DE LA GARGANTA DE BLANCANIEVES, HACIÉNDOLA RESUCITAR.

LA MADRASTRA DESCUBRE QUE BLANCANIEVES NO ESTÁ MUERTA

EL PRÍNCIPE LLEGA Y SE LLEVA EL CUERPO DE BLANCANIEVES

ELLA HACE UN NUEVO PLAN CON LA MANZANA ENVENENADA. EL PLAN FUNCIONA Y BLANCANIEVES MUERE

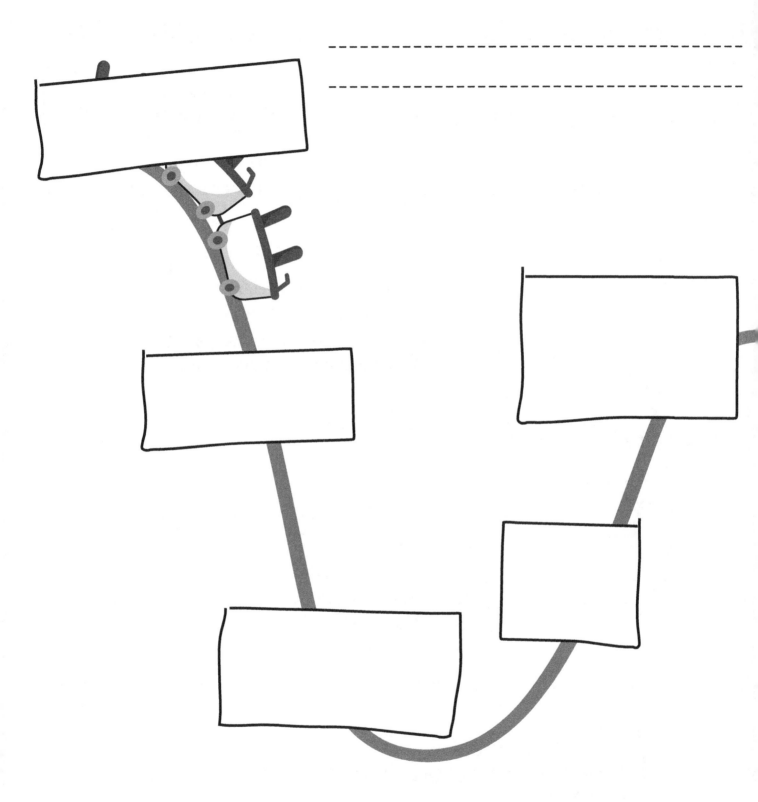

El tema de una historia es el mensaje o lección que el autor quiere que te lleves. El tema NUNCA es escrito textualmente, se deja a la interpretación del lector.

TRUCO DE AUTOR

Puede haber varios temas y no hay respuesta correcta o incorrecta. Pregúntate: ¿qué aprende el personaje durante la historia?

La mayoría de los cuentos de hadas tienen un mensaje muy claro. Por ejemplo, el Rey en Rumpelstiltskin aprende que la codicia no es buena, ya que, aunque consigue todo el oro que quiere, pierde a su hija.

¿Cuál crees que es el mensaje en estos cuentos?

La Bella y la Bestia _____

Blancanieves y los siete enanitos _____

Frozen _____

Moana _____

AQUÍ HAY UNA LISTA DE TEMAS COMUNES

ACEPTACIÓN E IGUALDAD: los personajes aprenden a aceptar las creencias, diferencias y estilos de vida de otra gente.

CORAJE: El personaje aprende a ser valiente y a superar sus miedos.

AMISTAD Y LEALTAD: Los personajes aprenden a apoyarse y a confiar entre ellos.

PERDÓN: El personaje aprende a perdonar a los demás cuando cometen errores.

HONESTIDAD: El personaje aprende que es mejor decir la verdad.

AMABILIDAD: El personaje aprende a pensar en otras personas y ofrecer ayuda cuando es necesario.

PERSEVERANCIA: El personaje aprende a no rendirse, incluso cuando las cosas son difíciles.

RESPONSABILIDAD: El personaje aprende que hay cosas que tiene que hacer, incluso si no siempre quiere hacerlas.

TRABAJO EN EQUIPO: El personaje aprende que trabajando en equipo aporta mejores resultados y es más fácil superar desafíos.

AQUÍ TIENES LOS GÉNEROS PRINCIPALES:

Misterio

Terror

Miedo

Comedia

Ciencia ficción

Aventura

Fantasía

Romántico

Ficción histórica

Escribe una historia sobre un fantasma.

"BUU"!

ESCRIBE UNA HISTORIA SOBRE DRAGONES.

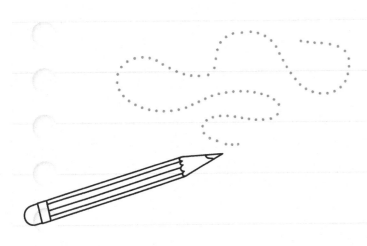

ESCRIBE UNA HISTORIA SOBRE EXTRATERRESTRES.

¿Cuál es la broma más divertida que conoces?

_____

_____

_____

_____

_____

_____

_____

_____

_____

_____

_____

_____

_____

_____

_____

_____

¿Estás preparado para un desafío sobre temas? Esto es material para autores INCREÍBLES.

¿SABES CUÁL ES LA DIFERENCIA ENTRE EL GÉNERO DE UNA HISTORIA Y EL TEMA? EL GÉNERO ES EL ESTILO DE LA HISTORIA. LOS LIBROS ESTÁN AGRUPADOS POR GÉNERO: COMEDIA, MISTERIO, ETC. EL TEMA ES EL MENSAJE DE UNA HISTORIA INDIVIDUAL.

Vamos a ver un ejemplo.

Alicia encuentra un anillo con un rubí enterrado en la arena de la playa y empieza a buscar a quién pertenece.

GÉNERO:
MISTERIO
¿De quién es el anillo? ¿Cómo encontrar al propietario?

TEMA:
PERSEVERANCIA
Hará falta mucho trabajo para resolver el misterio, pero no te rindas.

Elige un libro que leíste recientemente.

Ahora contesta estas dos preguntas.

¿De qué género es?
¿Cuál es el tema de la historia?

LIBRO:

GÉNERO:

TEMA:

Capítulo seis

Varias voces

Puedes escribir la histora desde la perspectiva de uno de los personajes (utilizando "yo" y "nosotros"). Esto se llama "punto de vista en primera persona".

Alternativamente, puedes usar un narrador (utilizando "él/ella" y "ellos/ellas"). Esto se llama "punto de vista en tercera persona".

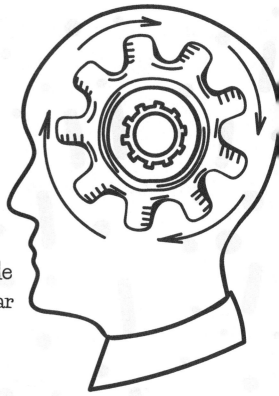

El punto de vista afecta lo que sabe el lector. Un narrador puede ver dentro de la cabeza de todo el mundo, de esta manera puede explicar lo que cada uno piensa o planea hacer. Si la historia esta narrada por un personaje, el lector solo puede saber lo que sabe ese personaje.

 **TRUCO DE AUTOR**

Asegúrate de mantener un "punto de vista" consistente a lo largo de tu historia.

Revisa algunos libros, tanto en casa como en la escuela o la biblioteca.
¿Puedes encontrar tres libros que usen el punto de vista en primera
persona (yo, nosotros)?

1. _____

2. _____

3. _____

¿Y tres que usen una tercera persona como narrador (él, ella, ellos, ellas)?

1. _____

2. _____

3. _____

¿Encontraste algún libro que usara
varios personajes para narrar la historia,
cambiando de una cabeza a otra?

_____

_____

_____

Escribe una historia en primera persona...

Estás jugando de portero al futbol. Estáis empatando y solo queda un minuto de partido. Te fijas en algo al otro lado del campo. Miras hacia allí solo durante un segundo, en el instante en el que el otro equipo chuta para meter un gol. Te lanzas a por el balón. Tocas la pelota con la punta de los dedos, pero no puedes pararla. Demasiado tarde. La pelota entra en la portería. El otro equipo se vuelve loco.

¿Qué pasa después?

Adrian es un cavernícola. Le encanta inventar cosas, pero todo el mundo cree que está loco. Un día inventa la rueda. ¿Qué pasa cuando se la muestra a los otros cavernícolas?

¿Estás preparado para un desafío más complicado sobre puntos de vista? Esto es material avanzado para autores INCREÍBLES.

UNA CHICA SE TRANSFORMA EN CANGURO MIENTRAS DUERME.
¿QUÉ PASA CUANDO LLEGA A LA ESCUELA?
¿CÓMO REACCIONAN SUS AMIGOS Y SU PROFESOR?

Utiliza esta frase para empezar la historia.

"Cuando se despertó esa mañana, nada le pareció fuera de lugar. Se levantó y fue a la escuela como siempre, pero cuando llegó allí..."

Ahora reescribe la historia, usando **YO** en lugar de **ELLA**. No te olvides, ahora estás escribiendo como la chica, no puedes ver qué está pasando en las cabezas de tus amigos y profesores así que puede que necesites reescribir trozos de tu historia.

"Cuando desperté esa mañana, nada me pareció fuera de lugar. Me levanté y fui a la escuela como siempre, pero cuando llegué allí…"

No hay ninguna manera "correcta" o "incorrecta" de escribir una historia, pero algunas personas tienen preferencias. ¿Y tú?

- [ ] ME GUSTA LA PRIMERA PERSONA (YO, NOSOTROS) MÁS.
- [ ] ME GUSTA LA TERCERA PERSONA (ÉL, ELLA, ELLOS, ELLAS) MÁS.
- [ ] NO ME IMPORTA, ME GUSTAN LAS DOS POR IGUAL.

Capítulo Siete

Diálogo dinamita

Utilizar diálogos puede ser una buena forma de

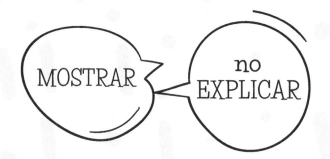

MOSTRAR no EXPLICAR

TRUCO DE AUTOR

Haz diálogos interesantes asegurándote de que contribuyan al argumento.

Es relevante para el argumento?

"¿QUÉ HAY PARA CENAR?", PREGUNTÓ LA REINA.
"AÚN NO LO HE DECIDIDO", RESPONDIÓ EL COCINERO.

¡Qué aburrido!... A menos que el cocinero esté planeando envenenar a la reina.

Mira este ejemplo:

CARLOS SE PREGUNTÓ QUIEN ERA EL NUEVO CHICO EN LA CLASE. NO PARECÍA MUY SIMPÁTICO.

Esto *informa* al lector sobre el nuevo chico. Para mostrarlo, podrías usar diálogo y escribir algo como esto...

"¿SABES ALGO DEL NUEVO CHICO?", PREGUNTÓ CARLOS.

"NO. ME HA FRUNCIDO EL CEÑO CUANDO HE INTENTADO HABLAR CON ÉL", DIJO MIGUEL.

¿¿¿??? En tu película mental, probablemente te estás preguntando cómo es el nuevo chico y pensando que no parece muy simpático.

ETIQUETAS DE DIÁLOGO

Para mostrar enfado
GRITÓ EXCLAMÓ
CHASQUEÓ SILBÓ

Para mostrar miedo:
SUSURRÓ GRITÓ LLORÓ
TARTAMUDEÓ JADEÓ PIDIÓ
ROGÓ

ALTERNATIVAS A "DIJO"

Para mostrar frustración:
GRUÑÓ BURLÓ
MURMURÓ

Para mostrar diversión:
BROMEÓ RIÓ

Para mostrar tristeza:
LLORÓ SOLLOZÓ
SUSPIRÓ

El diálogo es más interesante si usas una variedad de palabras en lugar de siempre utilizar "dijo". Estas palabras son llamadas *etiquetas de diálogo*.

Aparte de **"DIJO"**, ¿qué podrías utilizar en estas frases?

"Para", _____ Carla

"Estoy asustada", _____ María

"No es justo, siempre es culpa mía", _____ Sara

"Siento haber olvidado mis deberes. El perro se los comió", _____ Manuel

---

TRUCO DE AUTOR

Está bien usar "dijo" algunas veces. Usar alternativas demasiado frecuentemente puede sonar falso. De hecho, nuestros cerebros están entrenados para que no nos demos cuenta de "dijo" cuando leemos, así que cuando usas alternativas puede crear un gran impacto.

Eres abducido por extraterrestres y llevado a su planeta donde de ponen en un zoo, al lado de una zebra y un hipopótamo. El cartel en tu jaula dice "mono".

Escribe la conversación entre el cuidador del zoo extraterrestre y tú.

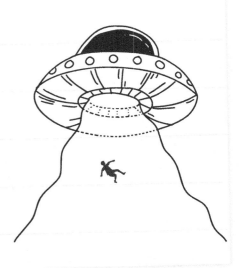

COMICS

Imagina que eres un buzo explorando una ciudad en el fondo del mar. La ciudad está en ruinas y todo tipo de criaturas marinas extrañas viven en ella. Tienes sufieciente oxígeno para una hora.

¿A dónde irías? ¿Qué harías? ¿A quién te encontrarías?

Haz una tira de comic para explicarnos tus aventuras. Usa bocadillos para el diálogo.

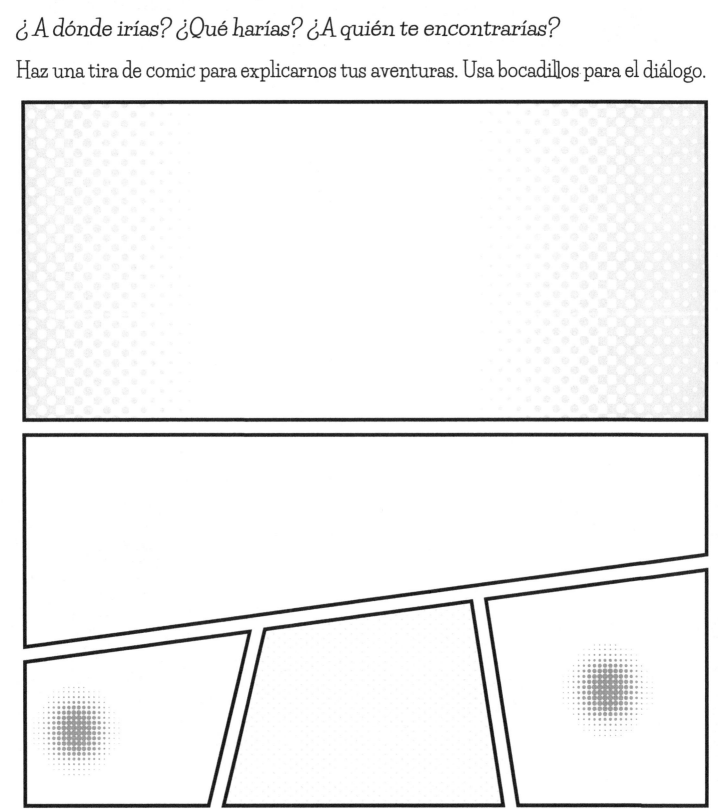

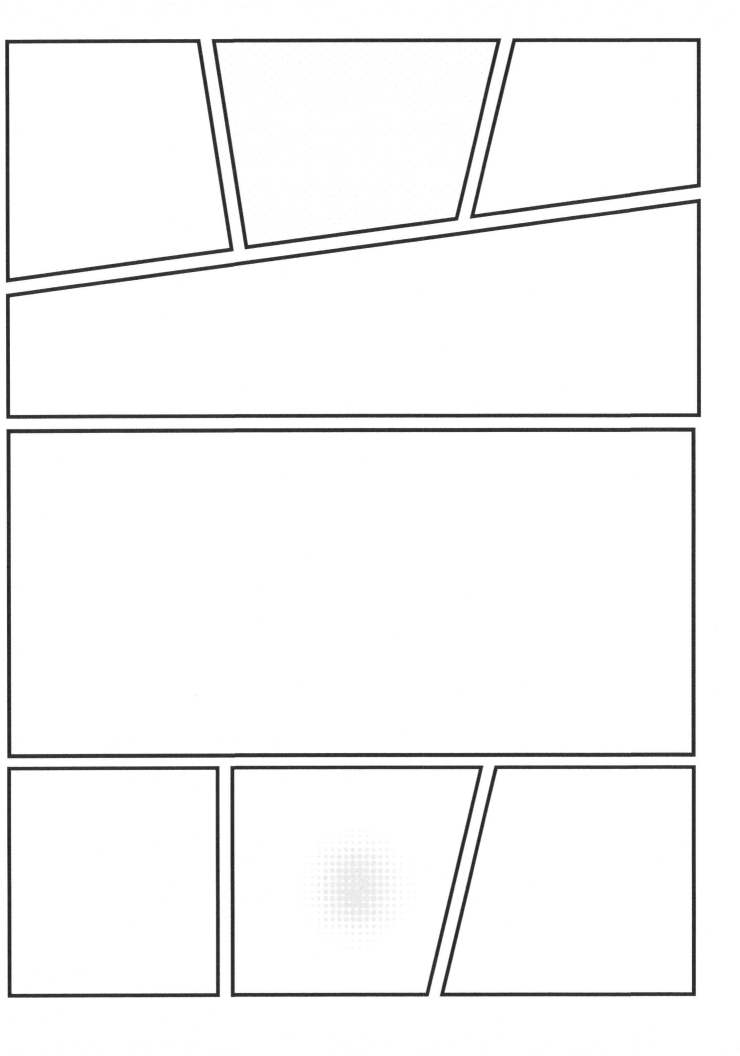

GUIÓN DRAMÁTICO

Las obras de teatro están escritas completamente como un diálogo. Un guión utiliza una estructura diferente, con el nombre del personaje primero, luego su discurso. Nunca escribes "él dijo" o "ella respondió" en un guión.

Tamara: ¿Qué es eso?
Juan: Es un fantasma.

Puedes añadir "DIRECCIONES DE ESCENA" poniéndolas entre paréntesis después del nombre del personaje.

Tamara (asustada): ¿Qué es eso?

Las descripciones más largas de las acciones están escritas entre medio del guión.

Juan: Es un fantasma.

Juan camina lentamente a través del escenario hacia el fantasma, levantando su mano.

ESCRIBE UN GUIÓN PARA UNA CONVERSACIÓN ENTRE UN PERRO Y UN MONO.

REPRESENTA TU GUIÓN:

[PERSONAJE]   [DIÁLOGO]

[Acotaciones]

¿Estás preparado para un desafío de diálogo más complicado? Esto es material avanzado para autores INCREÍBLES.

Un truco elegante, que también te ayuda a MOSTRAR, no EXPLICAR, es añadir una acción que vaya con el diálogo. De esta manera, el lector puede imaginar lo que está haciendo el personaje mientras habla y se da otra pista de cómo se siente.

¿Cómo crees que estos personajes se sienten?

"NO ES JUSTO", DIJO CARLOS APRETANDO LOS PUÑOS.

Carlos se siente

ANDREA FRUNCIÓ EL CEÑO. "ESO NO TIENE NINGÚN SENTIDO", DIJO ELLA.

Andrea se siente

LAURA SALTÓ. "¿PUEDO SER LA SIGUIENTE?", PREGUNTÓ.

Laura se siente

Añade una acción después de estas frases para mostrar cómo se siente el personaje.

"DAME TUS DULCES", DIJO EL MATÓN. _____

_____

_____

_____

"¿CREES QUE ES UN FA... FANTASMA?", PREGUNTÓ EL NIÑO. _____

_____

_____

_____

"¿QUÉ PASÓ CON TUS DEBERES ESTA VEZ?", PREGUNTÓ EL PROFESOR _____

_____

_____

_____

Capítulo Ocho

Historias increíbles

Ahora puedes poner todo lo que sabes sobre cómo escribir MARAVILLOSAMENTE en práctica. Esta sección tiene muchas ideas diferentes para historias.

TRUCO DE AUTOR

MANTÉN SIEMPRE UNA LIBRETA Y LÁPIZ A MANO PARA ESCRIBIR TUS PROPIAS IDEAS.

¿Has tenido alguna vez un sueño extraño que sería una historia brillante, pero no lo escribiste justo cuando te despertaste y, a la hora del desayuno, ya lo habías olvidado?

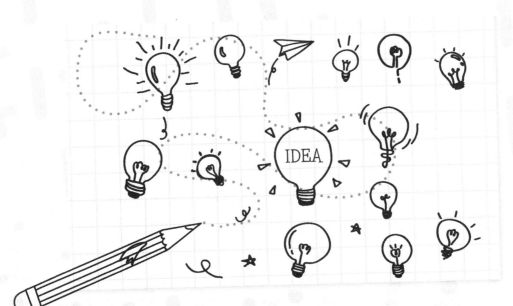

NO TIENES QUE ESCRIBIR LA HISTORIA COMPLETA, SOLO HACER UNA NOTA DE LA IDEA PARA NO OLVIDARLA.

Cuando estás atravesando la biblioteca, uno de los estantes se tambalea. Un libro aterriza a tus pies y una nota cae. Solo hay una palabra escrita: **"AYUDA".**

ESCRIBE UNA HISTORIA DE TERROR

HAZ UNA LISTA DE DIEZ COSAS QUE PONDRÍAS EN TU MOCHILA SI FUERAS A EXPLORAR LA JUNGLA.

1.
2.
3.
4.
5.
6.
7.
8.
9.
10.

Desafortunadamente, te pierdes completamente en la jungla.

¿Qué pasa? ¿Cómo sobrevives? Escribe una historia usando al menos tres de los objetos que has empaquetado.

¿QUÉ ODIAS HACER REALMENTE? ¿POR QUÉ ES TAN TERRIBLE?

SI PUDIERAS ELEGIR UN SUPERPODER, ¿CUÁL SERÍA?

Mi superpoder es...

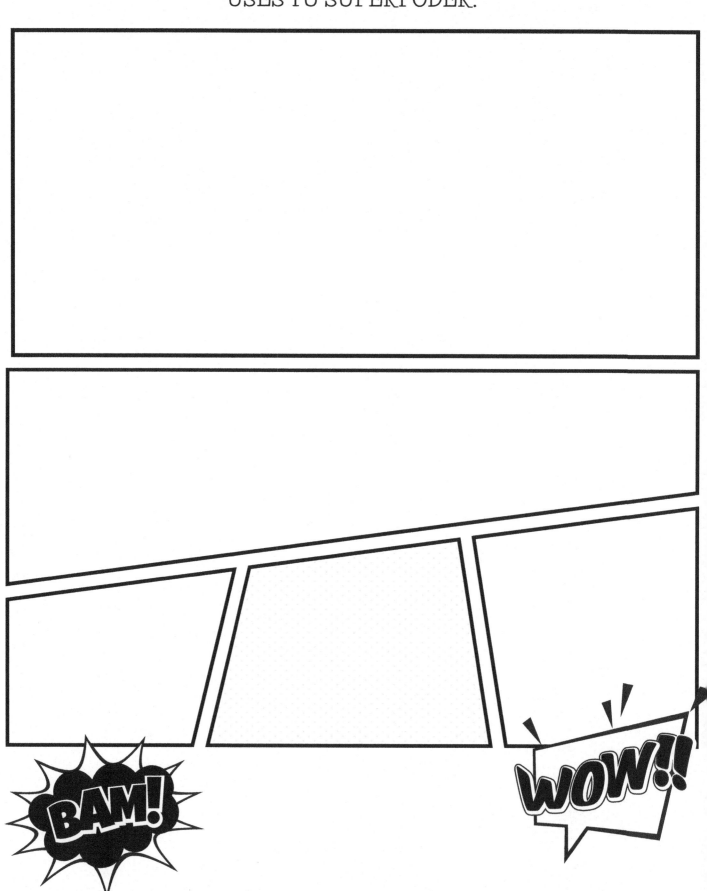

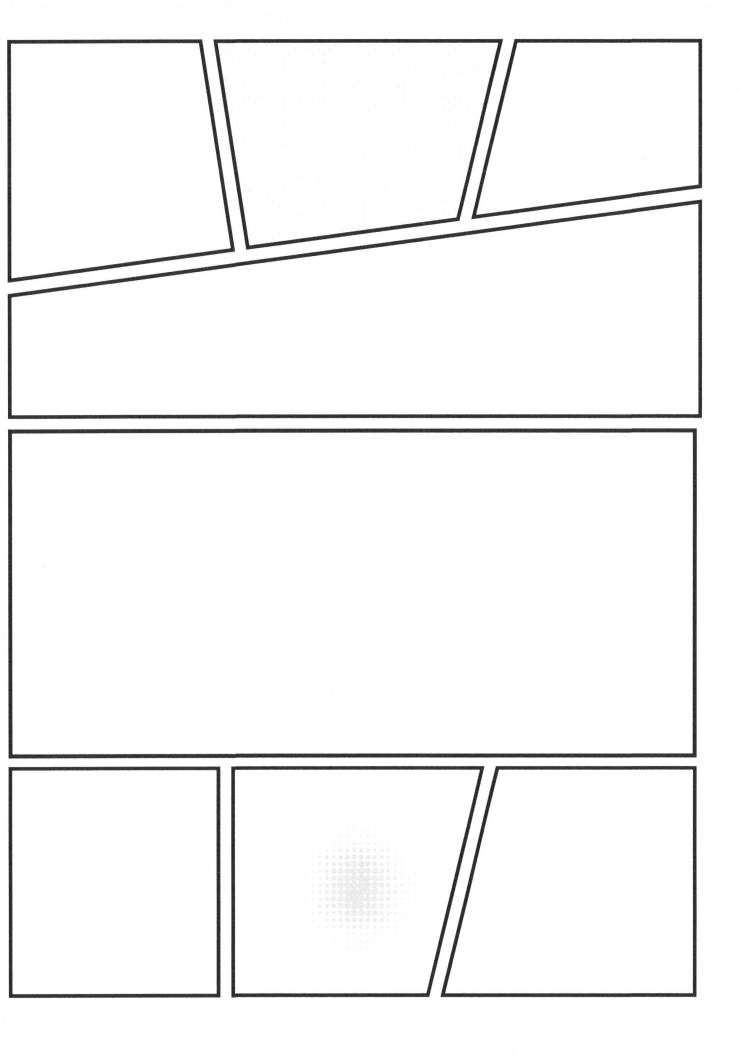

Escribe una historia sobre un oso polar a quien no le gusta el frío.

ESCRIBE UN EMAIL A TU PROFESOR EXPLICANDO POR QUÉ NO HICISTE LOS DEBERES.

Nuevo Mensage   _ □ ✕

A

Tema

ENVIAR

Escribe una historia empezando con estas palabras.

DESEARÍA QUE NUNCA...

Se te cae el nuevo móvil de tu hermana y la pantalla se rompe. Ella estará muy enfadada contigo. ¿Qué haces?

Llegas a la escuela y abres tu mochila. Todos tus libros han desaparecido y está llena de cucharas.

ESCRIBE UNA HISTORIA DE MISTERIO

Eres un agente secreto trabajando en una misión peligrosa. Sigues a los malos hasta un submarino.

Escribe una historia de aventuras.

MIRA ALREDEDOR TUYO. UNO DE LOS OBJETOS EN TU HABITACIÓN TIENE PODERES MÁGICOS, PERO CUANDO INTENTAS USARLO, TODO VA MAL. ESCRIBE UNA HISTORIA DIVERTIDA.

ACCIDENTALMENTE ABRES UN PORTAL EN EL TIEMPO Y ERES TRANSPORTADO AL PASADO.

¿A DÓNDE VAS?

Escribe un poema sobre un camello. No tiene que rimar.

ESTÁS TAN EXCITADO. VAS A CONSEGUIR UN GATITO HOY, PERO HAY UNA CONFUSIÓN EN LA TIENDA DE MASCOTAS Y TE ENTREGAN UN TIGRE. ES SOLO UN PEQUEÑO CACHORRO, ASÍ QUE LO CUELAS EN TU HABITACIÓN, DESEANDO QUE MAMÁ NO SE DÉ CUENTA. ¿QUÉ SUCEDE DESPUÉS?

El día empieza mal y empeora a cada minuto.

"No eres lo suficiente valiente para ir al cementerio por la noche", dijo él.

ALEX PENSÓ QUE PROBABLEMENTE NO HABÍA SIDO MUY SENSATO APARENTAR QUE PODÍA MONTAR A CABALLO.

¡Si has disfrutado este libro, por favor díselo a tus amigos!

Te puede interesar sucribirte a mi boletín gratuito. Esto es lo que puedes encontrar en el:

- Actividades de escritura y puzles divertidos.
- Entrevistas exclusivas a autores y recomendaciones para libros interesantes.
- Detalles de cualquier promoción especial y lanzamientos de nuevos libros.

Puedes encontrar más aquí:
www.lexirees.co.uk/kidsclub

También publico libros infantiles de ficción. La serie de aventuras The Relic Hunters está disponible en versión de bolsillo, ebook y audiolibro.

¡Feliz lectura!

SOBRE LA AUTORA

Lexi Rees creció en el norte de
Escocia, pero ahora reparte su tiempo
entre Londres y West Sussex.

Normalmente, está cubierta de heno
o purpurina, frecuentemente ambas.

PONTE EN CONTACTO

Si tienes cualquier pregunta, puedes contactarme a través de
mi pagina web (www.lexirees.co.uk) o por redes sociales.

🐦 @lexi_rees

f @LexiAuthor

📷 @lexi.rees

Espero recibir tu mensaje,

Lexi

Made in the USA
Monee, IL
17 February 2022

91384535R00063